Chiens en liberté

HANS SILVESTER

Éditions
de La Martinière

Les photos des bas-reliefs (450 av. J.-C.)
se trouvent au Musée national
d'Archéologie d'Athènes.

© 1998 Éditions de La Martinière, Paris

Il y a des hasards qui sont plus que de simples hasards, et qui sont les débuts d'histoires passionnantes. Ma première rencontre avec les chiens grecs, il y a longtemps, s'est mal passée.

J'étais en route pour photographier des Gitans, et j'ai essayé de m'approcher d'un grand campement. Mais, à peine arrivé à 30 mètres de la première tente, j'ai été entouré par une horde de chiens aboyant furieusement, hérissant le poil, montrant les dents. J'ai tenté de me protéger avec ma sacoche et de donner des coups de pied, mais les chiens se montraient de plus en plus menaçants. Soudain, tout est allé très vite : ils ont déchiré mon pantalon, m'ont mordu au mollet avec force. Cela faisait vraiment mal !

J'ai pris peur devant cette meute sauvage. Encerclé de très près, j'ai reculé ; aussitôt, les chiens ont compris qu'ils avaient gagné, ils se sont un peu calmés. Ils étaient une douzaine, de tailles et de couleurs différentes. Quelques-uns ressemblaient un peu à des bergers malinois, d'autres à de grands chiens de chasse, deux ou trois à des lévriers à poil long. De retour à la voiture, j'ai constaté les dégâts : plusieurs trous dans le mollet et le muscle déchiré. Ma blessure saignait fortement et me faisait souffrir.

C'est ainsi que j'ai appris un très ancien système de protection que les Gitans ont toujours utilisé contre les inconnus, et surtout face à tout homme en uniforme. Maintenant, je sais par expérience que j'aurais dû me comporter différemment avec ces chiens, j'aurais dû réagir autrement. D'abord, je me suis défendu, puis j'ai eu peur ; j'ai continué à avancer, au lieu de m'arrêter ; plus grave encore, je n'ai pas utilisé ma voix, j'aurai dû les engueuler, et peut-être les menacer du geste, comme si j'allais leur lancer des pierres. Sans toutes ces erreurs, je n'aurais pas été mordu.

Plusieurs années plus tard, je suis reparti en Grèce, dans les Cyclades, pour photographier des chats. Là-bas, les chats et les chiens vivent ensemble, en liberté, dans les villages, dans les mêmes quartiers. Ces chiens sans maître se partagent les mêmes sources de nourriture que les chats ; ils mendient des restes dans les tavernes... Tant que je photographiais les chats, les chiens me gênaient puisqu'ils les effrayaient. Pendant cette période, je les ai donc évités ; j'étais heureux quand ils me laissaient tranquille. Cependant, je les regardais vivre en témoin privilégié, et je me suis lié d'amitié avec certains d'entre eux. Année après année, ils me reconnaissaient immédiatement à mon arrivée et me faisaient la fête.

Ces chiens se ressemblent très peu entre eux. Il est impossible de parler d'une race ; on perçoit plutôt des points communs avec diverses races, avec une grande variété de tailles, de couleurs et de poils. À sa façon, chacun de ces chiens est un véritable personnage. En parlant de chiens on emploie souvent le terme de « caractère », mais je trouve que le mot « personnage » est plus approprié, chaque individu ayant sa propre personnalité.

Mais attention ! Sur ces îles, les chiens errants ne représentent qu'une petite minorité ; la majorité se compose de chiens domestiques vivant chez les habitants. Presque toutes les familles possèdent un chien, le plus souvent un bâtard, fréquemment un chien de chasse. Cette cohabitation dure depuis plus de 2 500 ans. Le Musée national d'Archéologie d'Athènes permet de découvrir de nombreux motifs de chiens taillés dans le marbre, lesquels ressemblent étonnamment à ceux d'aujourd'hui.

La plupart des chiens libres sont nés de chiennes errantes, souvent presque sauvages. D'autres ont été volontairement abandonnés sur les îles ; d'autres encore sont des chiens domestiques qui ont décidé de se joindre à l'aventure des autres pour des périodes plus ou moins longues. Ils se rassemblent en groupe et forment temporairement de vraies meutes, avec un chef mâle mais aussi une chienne dominante. En solitaire ou en groupe, le comportement du chien change radicalement. Chaque animal doit s'adapter à son rôle dans la meute. La meute est prioritaire. Ensemble, ils sont plus forts et surtout plus courageux. Ils peuvent devenir dangereux. Les gens de nature craintive peuvent se sentir menacés par ces hordes, mais en réalité le risque est minime. En revanche, les chats et les chiens inconnus peuvent risquer leur vie. Un chien qui, à titre individuel, s'entend à merveille avec les chats, devient dans la meute un redoutable chasseur de félins, s'il y est contraint par les autres qui lui rappellent par des morsures que la discipline est primordiale. Ce comportement est celui du loup, avec qui, d'ailleurs, le chien peut encore aujourd'hui toujours s'accoupler.

Les habitants des îles n'aiment pas ces hordes de chiens vagabonds ; mais ils savent les tolérer tant que leur nombre ne dépasse pas certaines limites.

Certaines gens ont même pitié de ces bêtes et les nourrissent, surtout l'hiver. Tous ces chiens ont quelque chose en commun. Ils connaissent la faim, mais bien entendu, ils savent aussi de quelle porte s'approcher, où se trouvent les poubelles intéressantes et, en dernier recours, la décharge. Pour les protéger, il arrive qu'on leur mette des colliers afin d'éviter que les autorités locales ne les considèrent comme des chiens errants.

Ces chiens qui n'appartiennent à personne appartiennent en fait à tout le monde.

La plupart d'entre eux seraient prêts à partager leur vie avec un maître : après tout, ils ne souhaitent qu'une chose, se faire adopter. Pour être heureux, tous les chiens doivent savoir qu'un homme les aime. Ils sont reconnaissants au moindre signe de sympathie qu'on leur manifeste. Si un chien est craintif, c'est en souvenir d'expériences malheureuses avec l'homme. Comme toujours, évidemment, la réalité n'est pas aussi simple. Ces animaux mènent une double vie ; un chien solitaire paraît triste et malheureux, avec la meute il a l'air heureux et plein de vitalité. Ceux qui ont connu la vie en groupe y restent très attachés ; même ceux qui ont fini par trouver une maison et un bon maître sont prêts à s'échapper au passage d'une horde. Cette situation est contradictoire : ils veulent à la fois un foyer, de l'affection, et vivre librement dans la meute. S'ils sont obligés de choisir, ils optent pour la liberté.

J'ai voulu observer de près ces groupes de chiens, et c'est vraiment difficile ! Je devais d'abord me faire accepter par l'ensemble des chiens, puis, rester assez longtemps auprès d'eux pour qu'ils oublient ma présence. Il m'a également fallu composer avec leur mobilité : ils peuvent disparaître en quelques instants.

L'étendue de leur territoire est si considérable que certains jours ils restent introuvables. Personne n'a d'influence sur la meute, les chiens font toujours strictement ce qu'ils ont envie de faire. Ils connaissent leur île, ils vont sans hésiter d'un village à l'autre, parcourant facilement des distances de dix à quinze kilomètres. Ces promenades sont toujours une fête pour eux. Ils quittent les chemins, poursuivent les chats, les perdreaux et les lapins, font volontiers de grands détours pour aller chercher de l'eau près des chapelles isolées.

Les chiens errants, surtout les jeunes, éveillent toujours la pitié des touristes. Pour eux, ce sont de pauvres chiens abandonnés. Chez eux, les autorités considèrent que chaque chien doit avoir un propriétaire. Un chien n'a le droit de vivre que s'il appartient à quelqu'un ; sinon, c'est un clandestin, interdit de séjour, et la police doit s'en charger. Dans certains pays du Nord, il existe un impôt sur les chiens, fait inimaginable pour les Grecs des îles. Je me permets de douter d'une société qui n'a plus de place pour les chiens errants et je crains pour le manque de tolérance qui touche aussi bien les hommes que les bêtes.

Il y a trente-cinq ans, quand nous sommes arrivés en Provence, les chiens libres se promenaient dans tous les villages, comme en Grèce. Les temps ont changé, la tolérance aussi ; la liberté n'est plus la même, les chiens libres sont devenus des bêtes rares.

Le loup, premier animal domestiqué, a dû abandonner sa liberté pour vivre avec l'homme. Quand celui-ci est passé de la cueillette à la chasse, le loup apprivoisé s'est transformé en chien. Le rapport entre homme et chien s'est fait plus étroit. On pense aujourd'hui que ces premiers liens remontent à 40 000 ans. C'était le début d'une vie partagée, d'une réussite sans équivalent. D'abord le loup apprivoisé, puis le chien, sont devenus des aides inestimables pour les chasseurs. Plus tard, les premiers troupeaux sont

apparus grâce aux chiens de bergers. On a protégé les habitations contre les bêtes sauvages et les voleurs. On a peu à peu sélectionné les chiens les mieux adaptés à tel ou tel travail et c'est comme ça que l'on a créé les races canines. Le chien s'est ainsi de plus en plus distingué du loup et a contribué au développement de l'homme.

Il est simple d'imaginer comment nos ancêtres ont pu vivre avec leurs chiens. Il suffit d'observer les chiens omniprésents dans les pays d'Amérique du Sud, d'Afrique et d'Asie. Là, ils vivent en parfaite liberté, dévorant les déchets, une forme d'hygiène pour ces pays. Mais les chiens destinés au travail sont enchaînés ou enfermés. Privés de toute liberté, ils sont de vrais esclaves de l'homme. Dans des moments de grande pénurie, on consomme même leur viande.

En peu de temps, en Amérique du Nord et en Europe, les sentiments envers les animaux ont totalement changé : chiens et chats sont devenus les amis intimes de l'homme. La réalité est en fait plus complexe : les animaux domestiques jouent un rôle psychologique important. Ils se sont imposés notamment comme des remèdes au stress, à la solitude et à la dépression qui assaillent l'homme moderne. Dans tous les pays industrialisés, le nombre de chiens s'accroît. Les derniers chiffres pour la France : 7,5 millions de chiens et plus de 9 millions de chats. Un record mondial !

Aujourd'hui, chiens et chats sont devenus des membres à part entière de la société de consommation : les supermarchés leur réservent d'énormes rayons destinés à leur alimentation et à leur entretien. Bien entendu, un tel nombre de chiens pose quelques problèmes comme en témoignent les trottoirs des villes ou l'augmentation des plaintes pour morsure.

En Grèce, on sent la proximité de l'Orient. Les sentiments envers les animaux ne sont pas les mêmes qu'en Europe du Nord. Les preuves d'amour se limitent à de courts instants, une caresse rapide, par exemple, sans grand engagement affectif. L'animal devient moins esclave de l'homme, l'homme devient moins esclave de l'animal. En revanche, les Grecs étant plus tolérants que nous, cela permet au chien d'avoir une vie plus libre et plus indépendante. En Grèce, les chiens peuvent être heureux entre eux, sans la présence de l'homme. Ces relations sont un besoin très profond, indispensable à leur bien-être, une nécessité absolue qui remonte au temps du loup et de la meute.

Mais, bien entendu, soyons honnêtes, dans les villages, ces bandes de chiens libres s'imposent fortement, on ne peut pas les ignorer. J'ai observé les diverses réactions des touristes. Les Allemands disent : « Pauvres bêtes ! comment est-ce possible ? » ; les Français : « Ils sont marrants, ces chiens... » ; les Anglais les caressent et leur parlent ; les Japonais veulent se faire prendre en photo auprès d'eux ; les Américains s'écrient : « Ils ont faim », et vont immédiatement leur acheter quelque chose à manger. Et les Grecs ? Ils sont tellement habitués à les voir, ces chiens font tellement partie du décor et du quotidien, qu'ils n'y font plus attention.

Comme tous les gens du Sud, les Grecs sont souvent étonnés par le comportement des touristes ; ainsi, sont-ils surpris lorsqu'ils assistent au coup de foudre d'un étranger pour un chien errant, et plus encore s'ils revoient à l'aéroport ce même touriste avec le chien et une cage de transport, prêts à s'envoler vers le Nord. Cela les fait rire, et ils se disent : « Autant d'efforts pour un clebs pareil ! »

Il leur est difficile d'imaginer ce chien dans une grande ville, dans un appartement, difficile d'imaginer qu'il va avoir une vie heureuse, qu'il va être aimé et gâté ; il ne lui manquera presque rien, mais je suis sûr qu'au fond de lui il sentira, de temps en temps, qu'il existe une autre forme de vie, moins solitaire, où l'aventure fait partie du quotidien, où l'on peut se défouler, où l'on peut trouver une place dans la meute. Une vie avec plus de liberté, où l'homme est moins présent, où on peut être chien, rien que chien.

Hans Silvester

Ce chien adopte une posture plutôt humaine
pour se relaxer sur le sable chaud de Santorin.

Certains chats prennent un malin plaisir à exciter les chiens.
On dirait qu'ils recherchent la sensation de peur, tout en sachant
que leur agilité leur permet de se sauver.

À Ia, un vieux paysan vend ses produits, ses légumes et ses fruits.
Des chiens du village l'accompagnent pendant sa tournée.

Les bords de mer incitent à la parade et au défoulement.
C'est là que se font les rencontres…

Dans les Cyclades, l'architecture des villages convient parfaitement
aux chats. Les chiens ont su bien s'adapter.

Véritable joyau de carte postale, le village d'Ia, à Santorin,
perché au-dessus de la mer, héberge bon nombre de chiens libres.
Les structures du tourisme leur facilitent la vie.

Une chienne en chasse peut attirer un grand nombre de mâles.
Curieusement, ce n'est pas à ce moment que les mâles se livrent à
des bagarres : leur attention est entièrement concentrée sur la femelle.
(Port du Pirée).

Les meutes de chiens visitent
régulièrement les petits ports
de pêche de Santorin, où
flottent des odeurs très variées.
Cela les excite et fait d'eux
des joueurs déchaînés.

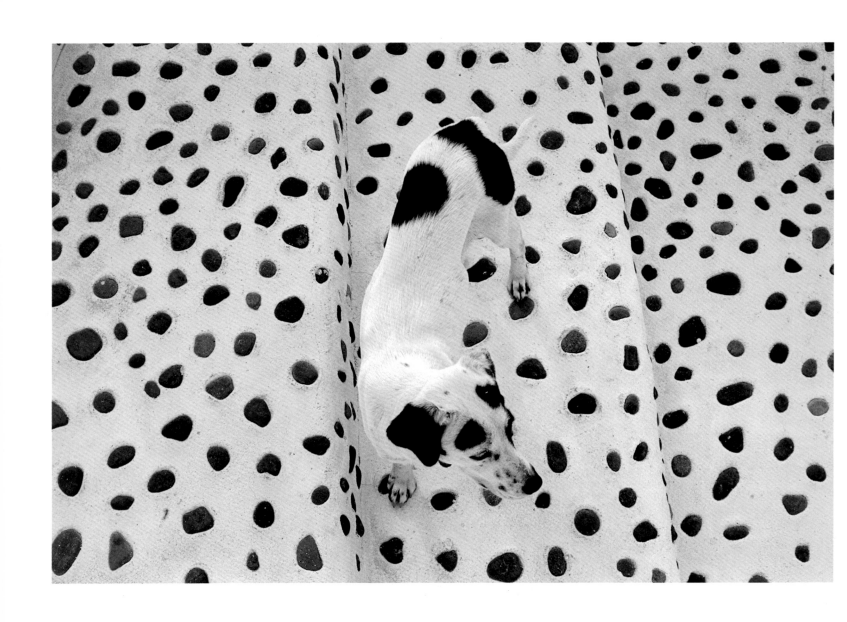

Les chiens se déplacent souvent et font halte où bon leur semble.
Ils se sentent partout chez eux.

Pendant six mois de l'année, la baignade est un plaisir quotidien.
(Port de Mykonos).
Les croisements donnent naissance à des formes
de chiens très variées et souvent surprenantes. (Santorin).

La plage attire les chiens.
Là, ils savent qu'ils vont retrouver leurs compagnons. (Ios).

Ouvrir la gueule et montrer les dents est une forme de langage.
La plupart du temps il n'y a pas la moindre agressivité.
Les chiens de petite taille ont un caractère spécifique :
ils sont souvent plus hargneux.

Le soir, lorsque les touristes ont quitté la plage, les chiens profitent
de la tranquillité pour jouer et se défouler. (Paros).

Sur les Cyclades les vents peuvent être très violents.
Les vieilles maisons abandonnées servent souvent
de refuge aux chiens, par mauvais temps.

Chiens et chats ne sont pas vraiment amis ou ennemis :
ils s'observent mutuellement, en permanence.

Les chiens de race pure, comme cet Afghan, sont exceptionnels
et en minorité sur les îles. Les chiots qui naissent sont
presque toujours croisés. (Mykonos).

Pages suivantes :
Courir aussi vite que son ombre…

Le long de ces parois volcaniques nichent des pigeons.
De temps à autre un jeune tombe du nid : c'est une proie bienvenue.

Après avoir couru dans les rochers volcaniques de Santorin.
un chien fait la sieste dans une grotte. surveillé par un autre.

À l'intérieur d'une meute il y a des tensions en permanence.
Il existe une hiérarchie dans le groupe. Les relations sont
très compliquées : une femelle en menace une autre
pour qu'elle se soumette au mâle dominant.

La plupart de ces chiens errants ont du sang de chien de chasse.
En balade, poussés par l'instinct, ils cherchent sans cesse
à surprendre des perdreaux, une chèvre ou un chat…
L'odeur des autres animaux les excite terriblement.

Avec le regard, les chiens peuvent communiquer leurs sentiments.
L'homme est très sensible à cette expression.

Les chiens adorent vadrouiller sur les petits sentiers de montagne.
Ils savent où trouver des dépouilles de lapins et de chats.

Les chiots naissent souvent dans une tanière isolée
en pleine montagne. Téméraires et pleins de vitalité, la curiosité
les pousse à explorer leur environnement.

Les jeunes garçons trouvent toujours en premier les cachettes
où sont nés les chiots. Ils en choisissent un, qui devient leur compagnon
de jeu, et souvent la famille s'enrichit ainsi d'un nouveau membre.

Dès que la mère n'a plus assez de lait pour nourrir ses petits,
elle les emmène de la cachette au village,
où les autres chiens découvrent leur progéniture.

Les chatons sont les jouets favoris des chiots.
Ce jeu se transforme facilement en supplice pour les bébés chats.
Il s'agit pour tous les deux d'un apprentissage de la vie.

Quand la mer est agitée et
que les vagues font beaucoup
de bruit, les chiens sont très
excités et courent des kilomètres
sur la plage sans s'arrêter.

La mer dépose souvent des jouets sur la plage.
Une simple branche… et c'est la fête !

Tempête à Santorin.
Quand le sable d'origine volcanique est mouillé, il devient noir.
Les chiens n'ont pas peur de l'eau, et adorent jouer avec les vagues.

Ces deux chiens
sont frères et
régulièrement
le blanc montre
que c'est lui qui
domine.
Cela ne dure que
quelques instants,
puis ils font la paix.
Ce n'est ni un jeu,
ni un combat,
il s'agit simplement
d'une leçon de
supériorité.

Tout est prétexte au jeu. Ici, les chiens ont trouvé
une vieille écharpe amenée par la mer.

Tous les jeunes chiens aiment s'amuser. Certains adultes aussi restent
joueurs toute leur vie, surtout dans un environnement propice,
comme la plage.

Ces deux chiens sont frères. Cette plage est leur territoire.
Quotidiennement ils font de longues promenades au bord
de la mer, tranquilles ou en jouant.

Les chiens se plaisent à observer le paysage et sont intéressés
par tout ce qui bouge. (Santorin).

De longues siestes à l'ombre font passer les heures de grande chaleur.
L'été, ils sont plus actifs la nuit que le jour.
Les chats connaissent très bien chaque chien, ils savent
identifier de très loin un chien méchant.

Les chats ne craignent pas tellement un chien seul, ils savent
se défendre ou fuir. Une meute, en revanche, peut devenir
très dangereuse pour eux. (Santorin).

Entre chiens d'une même portée, il règne une entente
et une harmonie parfaites, ce qui est exclu entre chiens
d'origines différentes.

Les ruelles des villages sont leur terrain de jeu ; ils peuvent s'amuser
entre eux pendant des heures, sans la présence de l'homme.

Les meutes se composent de quatre à dix chiens.
Ceux-ci connaissent parfaitement toutes les ruelles des villages.
(Santorin).

Pour certains chiens, chasser les chats est un vice.
Pour cela, ils sont prêts à faire n'importe quoi, même à grimper
sur les toits des maisons.

Une rencontre fortuite : un Colley vagabond s'est approché
du pope d'une église grecque orthodoxe. (Santorin).

À Santorin, on peut souvent observer des meutes de chiens
en promenade. En groupe, ces chiens sont de redoutables chasseurs
de chats, n'hésitant pas à les poursuivre jusque sur les toits des églises.

Il est plutôt exceptionnel qu'un petit ressemble à ce point à sa mère.

À Santorin, les vieux chemins sont bordés de murs.
Les chiens s'y promènent souvent, bénéficiant ainsi
d'une vue sur les deux côtés.

Les ânes s'entendent à merveille avec les chiens.
Celui de droite ressemble au bas-relief en marbre page 6,
datant de 450 ans av. J.-C.

Tant qu'un chat se défend, les risques sont minimes.
Mais la fuite peut se révéler dangereuse : c'est à ce moment-là
que le chien peut mordre.

Une chienne et ses chiots attendent l'arrivée des bateaux,
où ils vont retrouver les marins qui les nourrissent.
Profitant de leur liberté, ils se promènent sur toute l'île. (Santorin).

Entre ces chiens, il existe une véritable relation d'amitié ;
on voit qu'ils se plaisent à être ensemble. En revanche, entre chiens
inconnus, il y a toujours des problèmes de domination.

Pages suivantes :
Les chiens ont une telle énergie qu'ils font les fous entre eux
pendant des heures et des heures. (Ia).

Sur l'île, au printemps, leur terrain de jeu est d'une rare beauté.

La vie en liberté est pleine de surprises et de rencontres.

Les relations entre les mâles sont complexes. Pour faciliter la vie
en commun, ils veillent à ce qu'il existe une certaine distance
entre eux ; cela évite des bagarres inutiles. (Heraklion, Crète).

Une femelle en position de soumission face à d'autres femelles :
elle s'est trop approchée du chef de meute. Elle est punie parce qu'elle
n'a pas respecté la hiérarchie du groupe.

À Santorin, les chiens imitent un peu les chats,
se promenant comme eux sur les murs et même sur les toits.
Toutefois, ils ont peur de sauter de toit en toit.

Dans les ruelles de Ia, à Santorin, il est rare de voir un chien seul.
Ils sont presque toujours au moins deux.

Les chiots, au début très sauvages, suscitent la tendresse chez
les hommes. Quelques chanceux se font adopter à ce moment-là...

Les petits chiens préfèrent se retrouver entre eux, car ils sont souvent
malmenés par les plus grands, en général moins joueurs qu'eux.

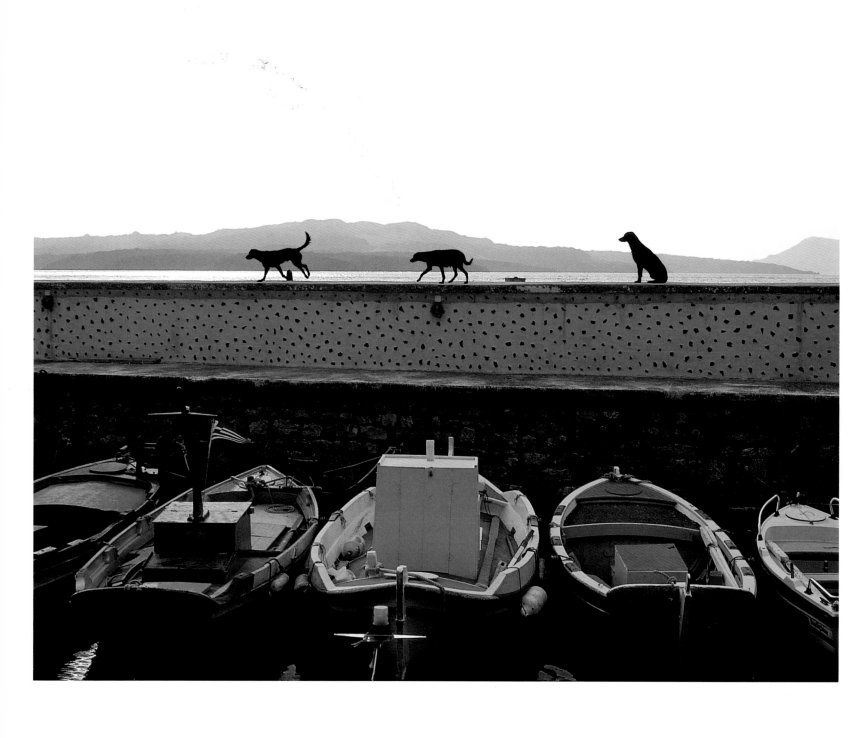

Dans les ports de pêche grecs, chats et chiens sont
de véritables éléments du décor.

Un Dalmatien se promène sur le quai de Paros.
Sur les îles, les chiens ne peuvent pas se perdre.
Ainsi, on leur laisse beaucoup plus de liberté.

« Le regard du loup » a toujours fasciné l'homme. (Mykonos).

Généralement, les chats ont peur des chiens et préfèrent la fuite
aux rencontres, mais surpris, ils sont prêts à se défendre.

Une rencontre exceptionnelle au port des Ferries, à Santorin, un endroit
hanté par de nombreux chiens libres. Les cuisiniers de ces bateaux
nourrissent les chiens avec les restes des repas...

Il ne faut pas grand chose pour se défouler.
Quelques hirondelles qui volent bas suffisent largement.

Pour ces chiens, la liberté signifie se promener à leur guise,
sans cesse à la recherche de nouvelles aventures.

Ce chien blanc est un dominateur ; il attaque un chien étranger
qui a osé venir sur la plage. Ces combats ne durent pas longtemps,
le plus faible prenant très vite la fuite.

Une chienne en chaleur est toujours un spectacle,
la parade amoureuse est un véritable ballet.

Maquette : Benoit Nacci

Achevé d'imprimer sur les presses,
de Kapp-Lahure-Jombart, à Évreux
ISBN : 2-7324-2414-5
Dépôt légal : septembre 1998
Photogravure : Quadrilaser, à Ormes
Imprimé en France